PAQUICEFALOSAURIO

por Janet Riehecky
ilustraciones de Llyn Hunter

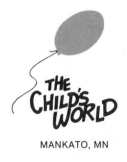

THE CHILD'S WORLD

MANKATO, MN

*Con el más sincero agradecimiento a Bret S. Beall,
Coordinador de los Servicios de Conservación para
el Departamento de Geología, Museo de Historia
Natural, Chicago, Illinois, quien revisó este libro
para garantizar su exactitud.*

Library of Congress Cataloging-In-Publication Data
Riehecky, Janet, 1953-
[Pachycephalosaurus. Spanish]
Paquicefalosaurio / por Janet Riehecky; ilustraciones de Llyn Hunter.
p. cm.
ISBN 1-56766-129-7
1. Pachycephalosaurus--Juvenile literature.
[1. Pachycephalosaurus. 2. Dinosaurs. 3. Spanish language materials.]
I. Hunter, Llyn, ill. II. Title.
QE862.O65R53518   1994
567.9'7-dc20   93-44241

PAQUICEFALOSAURIO

¿Cómo eran realmente los dinosaurios? Nadie lo
sabe con certeza. No había gente en aquella época
para ver qué aspecto tenían los dinosaurios o cómo
vivían.

Pero eso no impide a los científicos tratar de
averiguar cómo eran los dinosaurios. Para ello
estudian los fósiles que los dinosaurios han dejado,
y observan el comportamiento de los animales que
viven en la actualidad. De sus estudios nacen
muchas ideas.

Cuando los científicos estudiaron las patas de
algunos dinosaurios, descubrieron que eran unas patas
largas y fuertes. Se imaginaron a estos dinosaurios
corriendo velozmente y con gracia, como avestruces.

Cuando los científicos vieron las púas y cuernos
en algunos herbívoros, se imaginaron a esos
dinosaurios luchando ferozmente contra sus atacantes.

Los científicos descubrieron huellas de
dinosaurios grandes que mostraban solamente las
huellas de los dedos. Se imaginaron a esos dinosaurios
nadando en un lago, impulsándose con la punta de los
dedos, igual que lo hacen los hipopótamos.

Y cuando los científicos estudiaron los dientes
afilados, las mandíbulas fuertes y las garras terribles de
otros dinosaurios, aprendieron que éstos eran unos
cazadores feroces.

Pero cuando los científicos descubrieron el cráneo extraño del paquicefalosaurio no supieron qué pensar en un principio. La parte de arriba de la cabeza de este dinosaurio insólito tenía veinticinco centímetros de hueso macizo. Eso quiere decir que el hueso en la parte de arriba de su cráneo era más espeso que toda tu cabeza. ¿Por qué necesitaría un dinosaurio una cabeza tan maciza? Bueno, la mayoría de los científicos ahora piensan que era un casco de impacto incorporado. Opinan que al paquicefalosaurio le gustaba ir estrellándose la cabeza contra todo lo que encontraba en su camino.

¿Por qué querría un dinosaurio estrellarse de cabeza contra las cosas? ¿Acaso se golpeaba la cabeza contra un barranco por la mañana para despertarse? Probablemente no. Que nosotros sepamos, ningún animal lo hace. Pero hay animales que se golpean con la cabeza unos a otros.

Animales como las ovejas y las cabras celebran concursos entre la manada en los que se golpean la cabeza unos con otros. ¿Por qué? Para decidir qué animal de la manada es el más fuerte. Una manada necesita un jefe fuerte que la defienda frente al peligro. El ganador del concurso llega a ser ese jefe. Los científicos piensan que los paquicefalosaurios tenían concursos parecidos.

Los científicos también han sugerido otros usos diferentes para estas cabezas con casco de impacto de los paquicefalosaurios. Algunos animales hoy día pelean para decidir quién va a vivir en una zona dada. Dos paquicefalosaurios probablemente se estrellaban de cabeza para decidir cuál de los dos iba a ganar un territorio que los dos querían.

Y si dos paquicefalosaurios solteros querían a la
hembra más hermosa de la manada, es probable que
tuvieran un concurso de topetazos de cabeza para ver
quién conseguiría a la chica.

También es posible que los paquicefalosaurios arremetieran de cabeza contra los enemigos. Necesitaban alguna defensa frente a los carnívoros y no tenían ni cuernos ni garras.

Pero existe un problema con esa idea. La mayoría de los carnívoros tenían unas garras muy afiladas. Si un paquicefalosaurio se acercaba lo bastante como para arremeter con la cabeza a un carnívoro, el carnívoro podía haberle acuchillado con las garras la garganta blanda o el estómago. Si el paquicefalosaurio tenía la oportunidad de elegir, ¡lo mejor era CORRER!

Los científicos no han descubierto ningún esqueleto completo de un paquicefalosaurio, por esa razón no pueden asegurar qué aspecto tenía este dinosaurio insólito, excepto en lo que se refiere a su cabeza. Sin embargo, los científicos han descubierto esqueletos de dinosaurios más pequeños con cabezas muy parecidas. Piensan que el paquicefalosaurio se parecía mucho a esos dinosaurios.

Los científicos piensan que el paquicefalosaurio caminaba sobre dos patas traseras fuertes. Opinan que tenía patas delanteras cortas que utilizaba como brazos para agarrar plantas para comer. Basándose en los tamaños enormes de los cráneos que se han descubierto, los científicos piensan que este dinosaurio tenía un tamaño de siete metros ochenta de largo y medía más del doble de alto que una persona.

Los científicos piensan que el paquicefalosaurio tenía una cola larga y gruesa que le ayudaba a guardar el equilibrio cuando corría. También opinan que tenía una columna vertebral particularmente fuerte. Algunos científicos piensan que el dinosaurio podía mantener el lomo muy rígido, como un ariete, probablemente para evitar lastimarse cuando se estrellaba de cabeza contra alguna cosa.

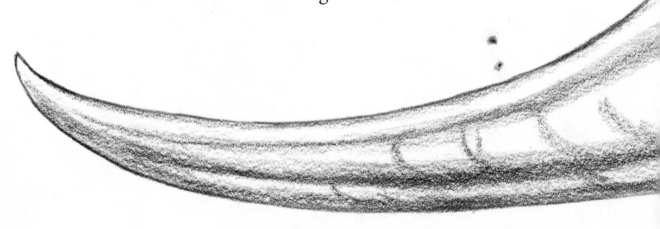

cola gruesa y fuerte

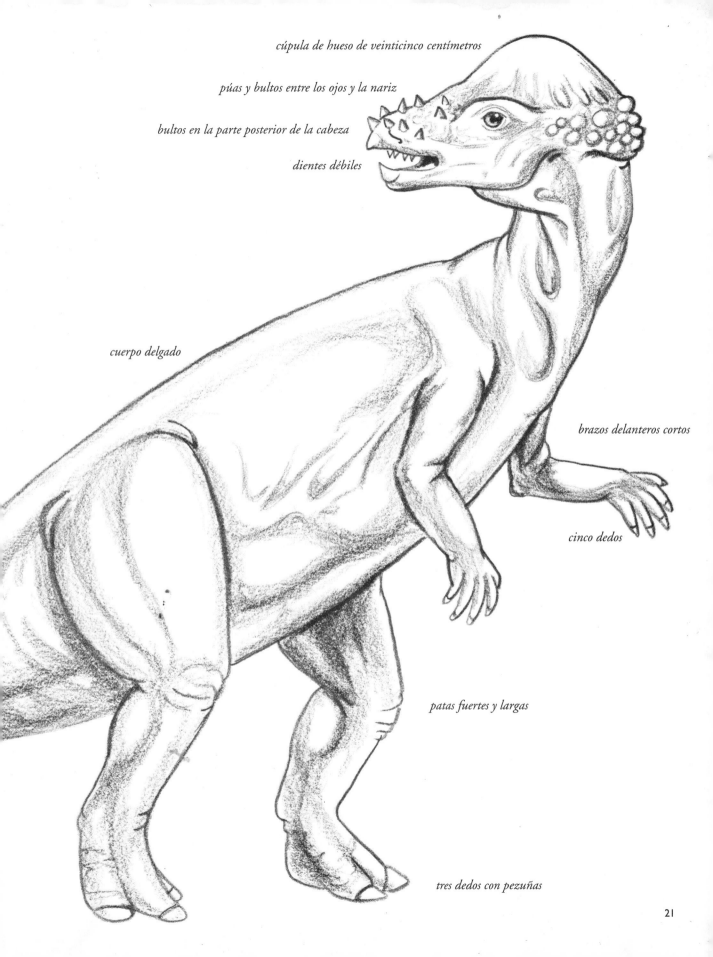

cúpula de hueso de veinticinco centímetros

púas y bultos entre los ojos y la nariz

bultos en la parte posterior de la cabeza

dientes débiles

cuerpo delgado

brazos delanteros cortos

cinco dedos

patas fuertes y largas

tres dedos con pezuñas

21

Cuando los científicos hacen dibujos del aspecto
que tenía el paquicefalosaurio, se lo imaginan como
un dinosaurio común, con excepción de su cabeza.

El nombre paquicefalosaurio quiere decir "lagarto
con cabeza maciza". Pero su "casco de impacto" no era
la única característica insólita de la cabeza de este
dinosaurio.

En la parte posterior de la cabeza el paquicefalosaurio tenía muchos bultos de hueso. Éstos formaban un dibujo de chichones grandes, como verrugas enormes, que le cruzaban la parte posterior de la cabeza. En la parte delantera, entre los ojos y la nariz, tenía bultos y púas que le daban al paquicefalosaurio un aspecto muy feo. Esta fealdad puede haber ayudado al paquicefalosaurio a espantar a sus enemigos. ¡Quizás a las hembras paquicefalosaurio les gustaban los bultos y las espinas!

El apodo que se le da al paquicefalosaurio, y a otros dinosaurios con cabezas parecidas, es "cabeza de hueso". Éste es un buen apodo ya que no solamente tenían todos hueso macizo en la parte de arriba de la cabeza, sino que además tenían un cerebro muy pequeño. El cráneo macizo no dejaba mucho espacio para el cerebro.

Puesto que el paquicefalosaurio tenía un cerebro tan pequeño, los científicos piensan que no era muy listo. Pero, a decir verdad, si hubiera sido listo, seguro que no habría ido estrellándose la cabeza por todas partes.

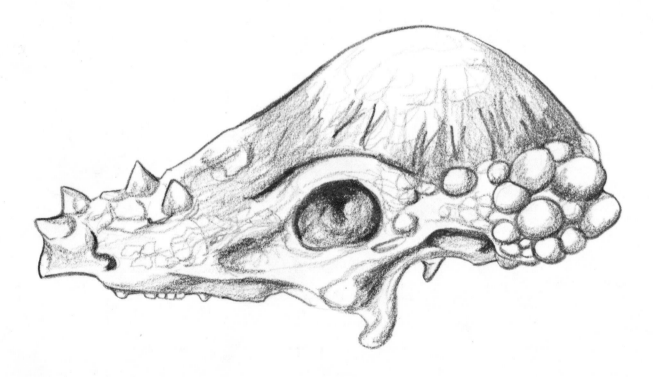

Aunque no podemos asegurar cómo era de listo
el paquicefalosaurio, sí podemos estar bastante
seguros de que era lo suficientemente listo como
para mantenerse lejos de los carnívoros. Algunos
científicos piensan que evitaba encontrarse con los
carnívoros viviendo en las colinas o las montañas.

Un tiranosaurio probablemente no iba a esforzarse para subir por las colinas escarpadas cuando le resultaba bastante fácil encontrar a mano dinosaurios ornitorrincos deliciosos.

Los científicos piensan que el paquicefalosaurio vagaba por las colinas en manadas, al igual que muchos otros dinosaurios herbívoros. Esto, además, les habría dado algo de protección. ¡Y también les proporcionaba a otros seres con los cuales darse topetazos de cabeza!

Los científicos solamente ofrecen conjeturas
cuando describen el tipo de vida que llevaban los
paquicefalosaurios y otros dinosaurios. Nadie ha
observado jamás a dinosaurios reales. Pero los
científicos no inventan simplemente cualquier teoría

que quieran. Ellos basan sus ideas en las pistas que
recogen de fósiles y en lo que saben sobre el
comportamiento de los animales que viven en la
actualidad. Cometen algunos errores, pero continúan
tratando de encontrar las respuestas.

Sus estudios cuidadosos nos ayudan a imaginarnos cómo eran en realidad los dinosaurios.

¡A divertirse con los dinosaurios!

El color de un animal puede serle de gran ayuda. Puede esconder a un animal que no quiera ser visto. O puede hacer que un animal tenga un aspecto especial frente a otro animal que busca una pareja. Puedes aprender mucho sobre los animales y sus colores leyendo libros, tales como *Animal Camouflage* por Janet McDonnell.

Puesto que nadie sabe de qué colores eran los dinosaurios, dibuja a tus dinosaurios favoritos y píntalos con los colores que tú crees que tenían. ¿Puedes explicar por qué has elegido esos colores y cómo pueden haber ayudado a los dinosaurios dichos colores?